AF329263

Biographie

DE M. V.ᵒʳ AVOINE DE CHANTEREYNE,

CONSEILLER A LA COUR DE CASSATION,

Lue à la séance publique de la Société Royale Académique de Cherbourg, du 18 décembre 1834,

PAR M. AUG. ASSELIN.

Messieurs,

Avant de commencer la lecture des Mémoires que notre Société va vous soumettre, elle a cru devoir vous entretenir quelques moments d'un de nos Sociétaires bien recommandable qu'elle vient de perdre, et qui laisse dans le deuil beaucoup d'honorables parents, et de véritables amis de notre ville.

M. Victor Avoine de Chantereyne est né à Cherbourg en 1762. Je passe, sans m'y arrêter, sur les détails de son jeune âge et de son éducation. Il suffit de dire qu'elle a été pour lui comme celle de tous les hommes estimables qui, ayant su se garantir de cette première fougue si périlleuse pour la jeunesse, ont amassé à cette époque des trésors de sagesse et d'une bonne instruction avec laquelle ils deviennent des citoyens précieux pour la patrie qu'ils servent, et pour la société qu'ils éclairent, en la rendant meilleure par leur exemple.

M. Avoine de Chantereyne avait embrassé la carrière du droit qui devint l'occupation de toute sa vie. Il donna, jeune encore, la preuve de l'instruction qu'il y avait acquise en publiant dès 1790 son ouvrage *de la Réforme des Lois Civiles*. Ce n'était point un code de jurisprudence : un titre aussi ambitieux aurait été impossible à justifier ; mais c'étaient des indications de nouvelles lois, ou des changements qu'il proposait dans les anciennes ; c'étaient des matériaux dont il apportait sa part pour l'édifice d'un code civil réclamé alors avec tant d'instances, et qui a été élevé depuis de manière à servir de modèle à toutes les nations. Son ouvrage, quand il parut, fut applaudi, autant pour le zèle de son jeune auteur, que pour l'instruction qu'il avait su

répandre dans sa manière de traiter des questions
élevées et difficiles.

Avant de publier cette théorie des lois , dont
nous venons de parler, M. de Chantereyne les
avait déjà mises en pratique dans la profession
d'avocat qu'il exerçait depuis plusieurs années
au parlement de Paris. Il s'y était fait remarquer
assez avantageusement pour avoir été nommé
par ses confrères du barreau membre du corps
électoral du tiers-état de Paris en 1789. C'était
déjà une belle mission , à cette époque, que
celle de concourir au choix des membres de cette
députation de Paris qui se fit remarquer si honorablement à l'assemblée constituante. Mais les
événements de juillet 1789 imposèrent une bien
autre tâche à ce corps électoral. Ce fut lorsque
l'assemblée constituante divisée en trois ordres ,
n'avait pu prendre encore le titre d'assemblée
nationale ; ce fut lorsque Paris, bloqué par le
camp de Grenelle, avait fermé ses portes, avait
proclamé l'insurrection générale , et présentait
tous les moyens possibles de la résistance la plus
décidée , parce qu'elle était unanime ; ce fut
enfin lorsque la Bastille fut attaquée et prise de
vive force par le peuple de Paris que ce corps électoral s'était réuni d'avance en assemblée délibé-

rante prit, par la force des choses et en l'absence de toutes les autorités, le gouvernement de Paris, pourvut, autant que ces circonstances désastreuses purent le permettre, aux moyens de maintenir la sûreté et la propriété, improvisa l'établissement de la garde nationale, se mit en communication avec l'assemblée constituante, et prit ainsi une part glorieuse à une lutte d'où dépendait la destinée de la France. Cette lutte se termina le 17 juillet par l'arrivée de Louis XVI, dans l'enceinte de ce corps électoral auquel il venait apporter la paix, c'est-à-dire annoncer le renvoi des troupes qui formaient le camp de Grenelle, et la levée du blocus de Paris. Une médaille destinée à chacun des électeurs de Paris fut frappée pour consacrer le souvenir de ce grand jour.

Tant que ce corps électoral remplissait de si grands devoirs, M. de Chantereyne continua, comme tous ses collègues, à rester dans Paris, malgré la difficulté de s'y maintenir sans état, et avec les inquiétudes inséparables d'un grand mouvement comme celui qui venait de se passer. Mais ce corps, une fois dissous, et sa mission terminée, il aspirait au moment où il pourrait revenir à Cherbourg. Ce moment arriva bientôt

d'une manière bien honorable pour lui. Les
sections de Cherbourg venaient de faire le choix
de leurs fonctionnaires en 1790 , et l'avaient
nommé , quoiqu'absent, procureur de la commune. Il éprouva une grande satisfaction en re-
cevant cette nouvelle , et il revint aussitôt sous
de si heureuses auspices habiter sa ville natale
et s'asseoir au foyer paternel. Il ne le trouva pas
paisible et prospère comme il l'avait laissé, mais
au contraire dans un état de deuil et de dévas-
tation , à la suite de l'acte de sédition et de
brigandage du 21 juillet 1789 , dont les habitants
de Cherbourg , qui n'avaient pu l'empêcher ,
avaient du moins tiré une vengeance éclatante
en arrêtant eux-mêmes ses criminels auteurs,
et en les livrant à toute la rigueur des lois , de
manière qu'il n'y eut que quelques jours d'in-
tervalle entre le crime et sa punition légale.

M. de Chantereyne , revenu à Cherbourg ,
n'occupa le poste de procureur de la commune
que le temps qu'il fallut pour s'y faire remarquer
honorablement , car dès l'année suivante, 1791,
le corps électoral de la Manche , prévenu en sa
faveur par ses antécédents au barreau et aux
électeurs de Paris , l'enleva à Cherbourg en le
nommant un des administrateurs du départe-

ment. Il y acquit bientôt assez de nouveaux titres à la considération pour être nommé l'année suivante, 1792, procureur général syndic.

Il remplissait cette haute et difficile fonction, de manière à ce qu'il fut jugé être le digne successeur de M. Fremit de Beaumont, de qui on disait qu'on ne pourrait le remplacer, tant il était estimé et regretté. Mais que servent aux fonctionnaires le courage, l'instruction et les intentions les plus pures, quand tous les ressorts qui constituent l'ordre social sont brisés? Nous étions dans ces jours de calamité où la force aveugle sans frein, sans prévoyance, s'empare du pouvoir, et se met à la place des autorités qu'elle vient de renverser. Le 31 mai, 93, sonna ce jour fatal. Une minorité factieuse et violente, à qui l'audace tenait lieu du nombre, venait d'envahir, en un jour, la convention nationale et la France entière, cette France si belle après quatre ans de révolution. C'est de ce jour que datait cette mémorable terreur qui mit toutes les fureurs de l'arbitraire et de la tyrannie à la place de la justice et des lois. Je me suis servi du mot *mémorable* en parlant de cette terreur, pour que la France ne l'oublie jamais, et soit toujours en garde contre son retour. Je ne vous déroulerai pas, MM., l'affreux tableau de ces longs jours de deuil et de mort que la France a subis. Il suffit de vous dire, pour le sujet que je traite, que le parti vainqueur n'épargna pas ses victimes dans le parti vaincu, et que toutes les administrations des villes et des lieux principaux du département de la Manche étaient de ce malheureux, mais honorable parti. Elles avaient suivi l'exemple de la résistance que leur donnait l'administration départementale qui, à l'arrivée des deux proconsuls, dont elle connaissait la mission, prit un arrêté pour leur renvoi du territoire du département, les convoqua eux-mêmes à une assemblée publique où cet arrêté leur fut notifié, non sans de longs débats dans lesquels se distinguèrent plusieurs membres de l'administration, et notamment le procureur général syndic, M. de Chantereyne, qui, après avoir requis l'arrêté de leur renvoi, dans le sein de l'administration, en requit l'exécution avec la même fermeté, et eux présents dans cette séance publique.

La vengeance de cet acte de courage et de vertu ne se fit pas attendre long-temps. Tous les membres de cette administration, moins un, furent destitués, mis sous la surveillance des comités révolutionnaires , leurs arrêts brûlés sur la place publique. Plusieurs d'entr'eux, M. de Chantereyne le premier, furent emprisonnés par l'ordre des proconsuls Prieur et Le Cointre. Il passa dans cet état de captivité plusieurs mois de douleur et d'anxiété, car la sortie des prisons de la terreur était souvent pour être conduit à Paris , d'où on ne revenait pas. Mais des jours meilleurs lui étaient réservés. Ses concitoyens de Cherbourg , après l'avoir réclamé plusieurs fois , obtinrent enfin qu'il serait reconduit dans sa ville, sous la caution que six d'entr'eux signeraient de la représentation de sa personne. Le beau jour du 9 thermidor mit une heureuse fin à cette garantie qui n'avait plus d'objet.

M. Avoine de Chantereyne, pour qui l'oisiveté était un état insupportable, occupa alors diverses fonctions ; entr'autres celle de procureur syndic du district de Cherbourg et de président de l'administration municipale jusqu'à la formation des cours royales. Il fut compris alors dans la formation de celle de Caen , en qualité de premier avocat-général. Celui qui écrit cette notice doit dire que , présent à une audience de la cour dans laquelle M. de Chantereyne lut un long rapport et des conclusions écrites sur un grand procès, il entendit un avocat des plus renommés dire à son confrère assis près de lui : « qu'avons-nous besoin de faire tant de recher- » ches, et de plaider aussi longuement quand » une cause est ainsi débattue, et quand tous les » moyens de part et d'autre sont si bien pré- » sentés ? » Il joignit peu d'années après à ce titre d'avocat-général celui de professeur en droit. Il cessa de remplir cette chaire lorsqu'il fut nommé successivement aux fonctions plus importantes de député de la Manche sous l'empire ; ensuite, de premier président de la cour royale d'Amiens, et enfin de conseiller à la cour de cassation, dont à cause de ses infirmités il voulut cesser de faire partie, un mois seulement avant l'événement qui nous en a séparés.

Sa nomination de député de la Manche, sous l'empire, fut pour lui le prélude des autres no- minations par le même corps électoral de la Manche, qui l'ont maintenu à plusieurs sessions consécutives. C'est là, MM., qu'il a pu satisfaire son goût dominant pour obliger. Jamais il n'a manqué l'occasion de solliciter un acte de justice ; jamais il n'a été réclamé en vain, ni refusé son appui aux malheureux. Ses sorties de sa maison étaient pour faire des démarches dans l'intérêt des autres , et sa rentrée dans son cabinet était pour écrire et ne pas laisser une lettre sans réponse. C'est ainsi que ce digne magistrat passait sa vie dans une occupation perpétuelle ; et si à la fin il a désiré sa retraite, ce n'était pas pour être oisif, mais pour terminer un ouvrage important : toujours sur le métier, me disait-il, et toujours interrompu , c'est l'histoire du droit français sur la succession au trône. Qu'on juge des immenses recherches qu'il a été obligé de faire pour remonter aux origines , et faire l'analyse historique du changement de tous les règnes depuis Clovis. Puisse cet ouvrage, qui est avancé, tomber dans une main amie qui, en s'honorant elle-même , rendra un grand service à l'étude de l'histoire et du droit français.

Et nous, MM., les compatriotes , je pourrais dire , dans cette réunion, les amis de M. Victor Avoine de Chantereyne , nous le compterons toujours au nombre des amis de son pays, et de notre ville à laquelle la pensée de toute sa vie a été d'être utile. Je n'entrerai pas dans le détail de tout ce qu'il a mis de zèle , et de ce qu'il a fait de démarches pour ce qui pouvait lui être avantageux. Cette pensée-là domine, jusqu'au dernier acte de sa vie , dans lequel il a ajouté un don à perpétuité à la trop faible dotation actuelle de notre bureau de bienfaisance.

Ombre de mon vieux ami repose en paix : ta vie entière, pleine de bonnes actions, défendra toujours ta mémoire contre un injuste oubli.

Cherbourg, Imp. de Boulanger, Beaufort et Compagnie.

[illegible]

[illegible]
[illegible]

[illegible]
[illegible]
[illegible]
[illegible]